Johannisbeer-Orangen-Ge

Foto vorn – ergibt etwa 6 Gläser zu je 200 ml

Zubereitungszeit: 20 Minuten, ohne Entsaften

Zutaten:

1250 ml	roter Johannisbeersaft (von etwa 1900 g Johannisbeeren) oder gekaufter Fruchtsaft
	Schale von 1 Bio-Orange (unbehandelt, ungewachst)
1 Pck. (500 g)	Super Gelier Zucker

1. Zum Vorbereiten Johannisbeeren waschen, abtropfen lassen und mit Hilfe eines Schnellkochtopfs oder Dampfentsafters Saft gewinnen (Gebrauchsanleitung des Geräteherstellers beachten). Saft abkühlen lassen und 1250 ml abmessen.
2. Orange heiß abwaschen, abtrocknen und mit Hilfe eines Zestenreißers die Schale in Streifen abziehen (oder Orange dünn schälen und die Schale in feine Streifen schneiden).
3. Zum Zubereiten Johannisbeersaft und Orangenschale in einem Kochtopf mit Super Gelier Zucker gut verrühren. Alles unter Rühren bei starker Hitze zum Kochen bringen, mindestens 3 Minuten unter ständigem Rühren sprudelnd kochen lassen und anschließend von der Kochstelle nehmen.
4. Kochgut evtl. abschäumen und sofort in vorbereitete Gläser füllen. Die Gläser mit Twist-off-Deckeln® verschließen, umdrehen und etwa 5 Minuten auf dem Deckel stehen lassen. Während des Erkaltens die Gläser gelegentlich umdrehen, damit sich die Orangenschale gut verteilt.

Erdbeer-Rhabarber-Konfitüre

Foto hinten links – ergibt etwa 5 Gläser zu je 200 ml

Zubereitungszeit: 30 Minuten

Zutaten:

600 g	Erdbeeren (vorbereitet gewogen)
400 g	Rhabarber (vorbereitet gewogen)
1 Pck. (500 g)	Extra Gelier Zucker

1. Erdbeeren waschen, abtropfen lassen, entstielen, klein schneiden und 600 g abwiegen. Rhabarber waschen, abtrocknen (nicht abziehen), in sehr kleine Stücke schneiden und 400 g abwiegen.
2. Die Früchte mit Extra Gelier Zucker in einem großen Kochtopf gut verrühren, unter ständigem Rühren bei starker Hitze zum Kochen bringen, mindestens 3 Minuten unter ständigem Rühren sprudelnd kochen lassen und anschließend von der Kochstelle nehmen.
3. Kochgut evtl. abschäumen und sofort randvoll in vorbereitete Gläser füllen. Die Gläser mit Twist-off-Deckeln® verschließen, umdrehen und etwa 5 Minuten auf dem Deckel stehen lassen.

Dr. Oetker alles selbst gemacht

Konfitüren

Dr. Oetker alles selbst gemacht

Konfitüren

Dr. Oetker Verlag

Vorwort

Gibt es ein besseres Geschenk als ein schönes, liebevoll verpacktes Glas leckere und selbst gemachte Konfitüre?
Konfitüren, Marmeladen und Gelees sind wunderbare und individuelle Mitbringsel und eignen sich hervorragend als kleine Aufmerksamkeit für Freunde und Nachbarn.

In diesem Buch finden Sie köstliche neue und klassische Rezepte, die gut beschrieben sind und damit schnell, sicher und einfach gelingen.
Außerdem erhalten Sie Tipps und Variationen, so dass Ihnen das Einkochen von Konfitüren, Marmeladen und Gelees sicherlich nicht so schnell langweilig wird.

Rezepte wie die dunkelrote Erdbeerkonfitüre, die schokoladige Kirschkonfitüre, das Apfelgelee mit Möhren oder der Johannisbeer-Kirsch-Fruchtaufstrich warten darauf, von Ihnen ausprobiert und fantasievoll verpackt zu werden.

Alle Rezepte sind von der Dr. Oetker Versuchsküche erprobt und gelingen zuverlässig.

Himbeer-Mango-Konfitüre

ergibt etwa 5 Gläser zu je 200 ml

Zubereitungszeit: 25 Minuten

Zutaten:

600 g	Himbeeren (vorbereitet gewogen)
400 g	Mango (vorbereitet gewogen)
1 Pck. (500 g)	Extra Gelier Zucker

1. Zum Vorbereiten Himbeeren verlesen und 600 g abwiegen. Mango waschen, schälen, Fruchtfleisch vom Stein schneiden, fein würfeln und 400 g abwiegen.
2. Zum Zubereiten Früchte in einem Kochtopf mit Extra Gelier Zucker gut verrühren. Alles unter Rühren bei starker Hitze zum Kochen bringen, mindestens 3 Minuten unter ständigem Rühren sprudelnd kochen lassen und von der Kochstelle nehmen.
3. Kochgut evtl. abschäumen und sofort randvoll in vorbereitete Gläser füllen. Gläser mit Twist-off-Deckeln® verschließen, umdrehen und etwa 5 Minuten auf dem Deckel stehen lassen.

Tipp: Anstelle von frischen Himbeeren können Sie auch TK-Himbeeren verwenden. Früchte einfach tiefgekühlt abwiegen, auftauen lassen und den entstehenden Saft bei der Zubereitung mitverwenden.

Variante: **Himbeer-Mango-Konfitüre mit Orangenlikör**
Rühren Sie direkt nach dem Kochen 50 ml Orangenlikör (z. B. Cointreau, Grand Marnier) unter die Konfitüre.

Pfirsich Royal

ergibt 3–4 Gläser zu je 200 ml

Zubereitungszeit: 15 Minuten, ohne Entsaften

Zutaten:

550 ml	Pfirsichsaft (von etwa 950 g Pfirsichen, ungesüßt)
200 ml	trockener Sekt
400 g	Zucker
1 Beutel	Gelfix Extra

1. Zum Vorbereiten Pfirsiche waschen, abtropfen lassen, halbieren, entsteinen, mit Hilfe eines Schnellkochtopfes oder Dampfentsafters Saft gewinnen (Gebrauchsanleitung des Geräteherstellers beachten), abkühlen lassen und 550 ml abmessen. 200 ml Sekt abmessen.
2. Zum Zubereiten Fruchtsaft mit Sekt in einen Kochtopf geben. Abgewogene Zuckermenge mit Gelfix Extra mischen, dann mit der Saft-Sekt-Mischung verrühren.
3. Alles unter Rühren bei starker Hitze zum Kochen bringen, mindestens 3 Minuten unter ständigem Rühren sprudelnd kochen lassen und anschließend von der Kochstelle nehmen.
4. Kochgut evtl. abschäumen und sofort randvoll in vorbereitete Gläser füllen. Gläser mit Twist-off-Deckeln® verschließen, umdrehen und etwa 5 Minuten auf dem Deckel stehen lassen.

Tipp: Der Sekt kann auch durch Weißwein ersetzt werden.

PFIRSICH ROYAL

Holunder-Trauben-Gelee mit Quitten

ergibt etwa 6 Gläser zu je 200 ml

Zubereitungszeit: 30 Minuten, ohne Entsaften

Zutaten:

500 ml (½ l)	Holunderbeersaft (ungesüßt, von etwa 1400 g Früchten) oder gekaufter Fruchtsaft
250 g	Quitten (vorbereitet gewogen)
500 ml (½ l)	heller Traubensaft (ungesüßt, gekaufter Fruchtsaft)
1 Pck. (500 g)	Super Gelier Zucker

1. Zum Vorbereiten Holunderbeeren an der Dolde waschen, abtropfen lassen und mit Hilfe eines Schnellkochtopfes oder Dampfentsafters Saft gewinnen (Gebrauchsanleitung des Geräteherstellers beachten). Saft abkühlen lassen und 500 ml (½ l) abmessen.
2. Quitten mit einem Tuch trocken abreiben, um den Flaum zu entfernen. Quitten waschen, abtropfen lassen, entstielen, entkernen, fein schneiden und 250 g abwiegen. 500 ml (½ l) Traubensaft abmessen.
3. Zum Zubereiten Säfte und Quittenstücke in einem Kochtopf mit Super Gelier Zucker gut verrühren. Alles unter Rühren bei starker Hitze zum Kochen bringen, mindestens 3 Minuten unter ständigem Rühren sprudelnd kochen lassen und von der Kochstelle nehmen.
4. Kochgut evtl. abschäumen und sofort randvoll in vorbereitete Gläser füllen. Gläser mit Twist-off-Deckeln® verschließen, umdrehen und etwa 5 Minuten auf dem Deckel stehen lassen. Gläser während des Erkaltens gelegentlich umdrehen, damit sich die Quittenstückchen besser verteilen.

Variante 1: **Holunder-Weißwein-Gelee**
Bereiten Sie das Gelee statt mit Traubensaft mit Weißwein zu.

Variante 2: **Holunder-Trauben-Gelee mit Birnen**
Ersetzen Sie die Quittenstückchen durch Birnenstückchen, die Birnen jedoch schälen.

Schnelles Herbstgelee

ergibt etwa 6 Gläser zu je 200 ml

Zubereitungszeit: 15 Minuten

Zutaten:

400 ml	heller Traubensaft (gekaufter Fruchtsaft)
400 ml	Birnennektar (gekaufter Fruchtsaft)
450 ml	Apfelsaft (gekaufter Fruchtsaft)
1 Pck. (500 g)	Super Gelier Zucker

1. Zum Zubereiten Fruchtsäfte in einem Kochtopf mit Super Gelier Zucker gut verrühren. Alles unter Rühren bei starker Hitze zum Kochen bringen, mindestens 3 Minuten unter ständigem Rühren sprudelnd kochen lassen und von der Kochstelle nehmen.
2. Kochgut evtl. abschäumen und sofort randvoll in vorbereitete Gläser füllen. Gläser mit Twist-off-Deckeln® verschließen, umdrehen und etwa 5 Minuten auf dem Deckel stehen lassen.

Ananas-Johannisbeer-Fruchtaufstrich

ergibt etwa 6 Gläser zu je 200 ml

Zubereitungszeit: 25 Minuten, ohne Entsaften

Zutaten:

950 ml	Johannisbeersaft (von etwa 1,6 kg roten und schwarzen Johannisbeeren)
300 g	Ananas (vorbereitet gewogen)
3	Lorbeerblätter
1 Pck. (500 g)	Super Gelier Zucker

1. Zum Vorbereiten Johannisbeeren waschen, abtropfen lassen, mit Hilfe eines Schnellkochtopfes oder Dampfentsafters Saft gewinnen (Gebrauchsanleitung des Geräteherstellers beachten.). Saft abkühlen lassen und 950 ml abmessen.
2. Schopf der Ananas mit Stielansatz und dem obersten Stück Schale abschneiden, Messer kurz abspülen, die Frucht der Länge nach halbieren und vierteln. Von jedem Viertel den inneren weißlichen Strunk entfernen und die Frucht mit einem Messer schälen, fein schneiden und 300 g abwiegen.
3. Zum Zubereiten Johannisbeersaft, Ananas und Lorbeerblätter in einem Kochtopf mit Super Gelier Zucker gut verrühren. Alles unter Rühren bei starker Hitze zum Kochen bringen, mindestens 3 Minuten unter ständigem Rühren sprudelnd kochen lassen und anschließend von der Kochstelle nehmen.
4. Kochgut evtl. abschäumen, Lorbeerblätter entfernen und sofort randvoll in vorbereitete Gläser füllen. Gläser mit Twist-off-Deckeln® verschließen, umdrehen und etwa 5 Minuten auf dem Deckel stehen lassen.

Tipp: Nach Belieben können Sie auch etwas Ingwer schälen, fein reiben und 1 Teelöffel davon hinzufügen.

Rhabarber-Apfel-Konfitüre mit Walnüssen

ergibt etwa 5 Gläser zu je 200 ml

Zubereitungszeit: 25 Minuten

Zutaten:

500 g	Rhabarber (vorbereitet gewogen)
500 ml (½ l)	Apfelsaft (gekaufter Fruchtsaft)
50 g	Walnusskerne
1 Pck.	Zitronensäure
500 g	Zucker
1 Beutel	Gelfix Extra

1. Zum Vorbereiten Rhabarber waschen, putzen, abtropfen lassen, in kleine Stücke schneiden (nicht abziehen) und 500 g abwiegen. 500 ml Apfelsaft abmessen. 50 g Walnusskerne abwiegen und hacken.
2. Zum Zubereiten Rhabarber mit Saft, Walnusskernen und Zitronensäure in einen Kochtopf geben. Abgewogene Zuckermenge mit Gelfix Extra mischen, dann mit der Fruchtmasse verrühren. Alles unter Rühren bei starker Hitze zum Kochen bringen, mindestens 3 Minuten unter ständigem Rühren sprudelnd kochen lassen und von der Kochstelle nehmen.
3. Kochgut evtl. abschäumen und sofort randvoll in vorbereitete Gläser füllen. Gläser mit Twist-off-Deckeln® verschließen, umdrehen und etwa 5 Minuten auf dem Deckel stehen lassen.

Tipp: Die Haltbarkeit wird durch die Zugabe von Walnusskernen verkürzt. Anstelle von frischem Rhabarber kann auch TK-Rhabarber verwendet werden. Rhabarber einfach tiefgekühlt abwiegen, auftauen lassen, grob pürieren und den entstehenden Saft bei der Zubereitung mitverwenden.

Variante: **Rhabarber-Apfel-Konfitüre mit Walnüssen und Rosinen**
Verleihen Sie der Konfitüre zusätzlich Pfiff, indem Sie 2 Esslöffel Rosinen mitkochen.

Stachelbeer-Tonic-Konfitüre

ergibt etwa 7 Gläser zu je 200 ml

Zubereitungszeit: 30 Minuten

Zutaten:

750 g	Stachelbeeren (vorbereitet gewogen)
400 ml	Tonic Water (Limonade)
1 Bund	Zitronenmelisse
50 ml	Gin
1 Beutel	Gelfix Classic
1 kg	Zucker

1. Zum Vorbereiten Stachelbeeren waschen, abtropfen lassen, Stiel und Blütenansatz entfernen, Stachelbeeren halbieren und 750 g abwiegen. 400 ml Tonic Water abmessen. Zitronenmelisse waschen, trockentupfen und fein schneiden. 50 ml Gin abmessen.
2. Zum Zubereiten Stachelbeeren und Tonic Water in einen Kochtopf geben. Gelfix Classic erst mit 2 Esslöffeln von der abgewogenen Zuckermenge mischen, dann mit der Fruchtmasse verrühren. Kochgut unter Rühren bei starker Hitze zum Kochen bringen. Sobald alles bei ständigem Rühren durch und durch sprudelnd kocht, restlichen Zucker und Zitronenmelisse hinzufügen.
3. Alles unter Rühren wieder zum Kochen bringen, mindestens 3 Minuten unter ständigem Rühren sprudelnd kochen lassen und von der Kochstelle nehmen. Kochgut evtl. abschäumen. Jetzt Gin unterrühren und dann sofort randvoll in vorbereitete Gläser füllen. Gläser mit Twist-off-Deckeln® verschließen, umdrehen und etwa 5 Minuten auf dem Deckel stehen lassen.

Tipp: Den Gin können Sie für eine alkoholfreie Variante durch 50ml mehr Tonic Water ersetzen.

Apfelgelee mit Möhren

ergibt etwa 4 Gläser zu je 200 ml

Zubereitungszeit: 25 Minuten

Zutaten:

830 ml	klarer Apfelsaft (gekaufter Fruchtsaft)
70 g	Möhren (vorbereitet gewogen)
350 g	Zucker, Fruchtzucker oder Sorbit*
1 Beutel	Gelfix Super

* Diabetiker sollten Zuckeraustauschstoffe verwenden.

1. 830 ml Apfelsaft abmessen. Möhren waschen, abtropfen lassen, schälen, in feinen Streifen abziehen (Juliennemesser) oder in feine Streifen schneiden oder grob raspeln und 70 g abwiegen.
2. Apfelsaft und Möhren in einen großen Kochtopf geben. Abgewogenes Süßungsmittel mit Gelfix Super mischen, dann mit dem Fruchtsaft verrühren.
3. Alles unter Rühren bei starker Hitze zum Kochen bringen, mindestens 3 Minuten unter ständigem Rühren sprudelnd kochen lassen und anschließend von der Kochstelle nehmen.
4. Kochgut evtl. abschäumen und sofort randvoll in verbereitete Gläser füllen. Gläser mit Twist-off-Deckeln® verschließen, umdrehen und etwa 5 Minuten auf dem Deckel stehen lassen. Gläser während des Erkaltens gelegentlich umdrehen, damit sich die Möhrenstreifen besser verteilen.

Tipp: Das Apfelgelee kann auch aus selbst entsaftetem klaren Apfelsaft zubereitet werden. Dazu benötigen Sie etwa 1500 g Äpfel.
Statt mit Zucker, Fruchtzucker oder Sorbit können Sie die Konfitüre mit 25 ml Flüssigsüße zubereiten. Dazu die vorbereiteten Möhren und Saft in einen Kochtopf geben, mit Gelfix Super und der abgemessenen Flüssigsüße verrühren und wie im Rezept angegeben fortfahren.

Variante: **Apfelgelee mit Möhren- und Limettenstreifen**
Eine Bio-Limette heiß abwaschen, trockenreiben, dünn schälen und die Schale in sehr feine Streifen schneiden oder mit einem Zestenreißer schälen. Rühren Sie die Limettenzesten direkt nach dem Kochen unter das heiße Gelee. Allerdings verkürzt sich dadurch die Haltbarkeit des Gelees.

Heidelbeerkonfitüre mit Vanille

ergibt 6–7 Gläser zu je 200 ml

Zubereitungszeit: 15 Minuten, ohne Auftauzeit

Zutaten:

1 kg	TK-Heidelbeeren (vorbereitet gewogen)
500 ml (½ l)	Orangensaft (gekaufter Fruchtsaft)
1 Pck.	Dr. Oetker Finesse Bourbon-Vanille-Aroma
1 Pck. (500 g)	Super Gelier Zucker

1. Zum Vorbereiten 1 kg TK-Heidelbeeren abwiegen und auftauen lassen, dabei den entstehenden Saft auffangen. 500 ml (½ l) Orangensaft abmessen.
2. Zum Zubereiten Heidelbeeren, Orangensaft und Aroma in einem Kochtopf mit Super Gelier Zucker gut verrühren. Alles unter Rühren bei starker Hitze zum Kochen bringen, mindestens 3 Minuten unter ständigem Rühren sprudelnd kochen lassen und von der Kochstelle nehmen.
3. Kochgut evtl. abschäumen und sofort randvoll in vorbereitete Gläser füllen. Gläser mit Twist-off-Deckeln® verschließen, umdrehen und etwa 5 Minuten auf dem Deckel stehen lassen.

Tipp: Anstelle von TK-Heidelbeeren können Sie auch frische Kulturheidelbeeren verwenden. Dabei sollten Sie allerdings die Hälfte pürieren.

Variante: **Beschwipste Heidelbeerkonfitüre mit Vanille**
100 ml Orangensaft können durch 100 ml Rum (37 Vol.%) ersetzt werden, den Rum jedoch erst direkt nach dem Kochen unterrühren.

Erdbeerkonfitüre mit Pistazien

ergibt etwa 5 Gläser zu je 200 ml

Zubereitungszeit: 30 Minuten

Zutaten:

950 g	Erdbeeren (vorbereitet gewogen)
30 g	Pistazienkerne
½	Fläschchen Butter-Vanille-Aroma
1 Pck. (500 g)	Extra Gelier Zucker

1. Zum Vorbereiten Erdbeeren waschen, abtropfen lassen, entstielen, fein schneiden und 950 g abwiegen. 30 g Pistazienkerne abwiegen und grob hacken.
2. Zum Zubereiten Erdbeeren und Butter-Vanille-Aroma in einem Kochtopf mit Extra Gelier Zucker gut verrühren. Alles unter Rühren bei starker Hitze zum Kochen bringen und 2 Minuten unter ständigem Rühren sprudelnd kochen lassen. Pistazien hinzufügen, alles noch 1 Minute sprudelnd kochen lassen und anschließend von der Kochstelle nehmen.
3. Kochgut evtl. abschäumen und sofort randvoll in vorbereitete Gläser füllen. Gläser mit Twist-off-Deckeln® verschließen, umdrehen und etwa 5 Minuten auf dem Deckel stehen lassen. Die Gläser während des Erkaltens gelegentlich umdrehen, damit sich die Pistazien gut verteilen.

Tipp: Das Butter-Vanille-Aroma können Sie nach Belieben ersatzlos weglassen. Sie können die Pistazien durch die gleiche Menge abgezogene, gehackte Mandeln ersetzen. Durch die Zugabe von Pistazienkernen oder Mandeln wird die Haltbarkeit verkürzt.

Scharfe Aprikosenkonfitüre

ergibt 5–6 Gläser zu je 200 ml

Zubereitungszeit: 35 Minuten

Zutaten:

700 g	Aprikosen (vorbereitet gewogen)
30 g (etwa 3 Stück)	rote Peperoni (vorbereitet gewogen)
400 ml	Cidre oder Apfelsaft (gekaufter Fruchtsaft)
1 Pck.	Zitronensäure
500 g	Zucker
1 Beutel	Gelfix Extra

1. Zum Vorbereiten Aprikosen waschen, abtropfen lassen, halbieren, entsteinen, fein schneiden und 700 g abwiegen. Peperoni halbieren, entstielen, entkernen und die weißen Scheidewände entfernen. Peperoni waschen, abtropfen lassen, sehr fein schneiden und 30 g abwiegen. 400 ml Cidre oder Apfelsaft abmessen.
2. Zum Zubereiten Aprikosen, Peperoni, Cidre oder Saft und Zitronensäure in einen Kochtopf geben. Abgewogene Zuckermenge mit Gelfix Extra mischen, dann mit der Fruchtmasse verrühren. Alles unter Rühren bei starker Hitze zum Kochen bringen, mindestens 3 Minuten unter ständigem Rühren sprudelnd kochen lassen und anschließend von der Kochstelle nehmen.
3. Kochgut evtl. abschäumen und sofort randvoll in vorbereitete Gläser füllen. Gläser mit Twist-off-Deckeln® verschließen, umdrehen und etwa 5 Minuten auf dem Deckel stehen lassen.

Tipp: Die Peperoni schärfen im Laufe der Lagerzeit etwas nach.

Zitronengelee mit Schale

ergibt 6–7 Gläser zu je 200 ml

Zubereitungszeit: 25 Minuten

Zutaten:

1	Bio-Zitrone (unbehandelt, ungewachst)
500 ml (½ l)	Zitronensaft (von etwa 10 Zitronen)
300 ml	heller Traubensaft (gekaufter Fruchtsaft) oder Weißwein
1 Beutel	Gelfix Classic
1150 g	Zucker

1. Zum Vorbereiten Zitrone heiß waschen, trockenreiben, mit einem Zestenreißer die Schale abziehen oder die Zitrone sehr dünn schälen und die Schale in sehr feine Streifen schneiden. Geschälte Zitrone und weitere Zitronen auspressen und 500 ml Saft abmessen. 300 ml Traubensaft oder Weißwein abmessen.
2. Zum Zubereiten Zitronensaft und Traubensaft oder Weißwein zusammen mit der Zitronenschale in einen Kochtopf geben. Gelfix Classic erst mit 2 Esslöffeln von der abgewogenen Zuckermenge mischen, dann mit der Flüssigkeit verrühren.
3. Kochgut unter ständigem Rühren bei starker Hitze zum Kochen bringen. Sobald alles bei ständigem Rühren durch und durch sprudelnd kocht, restlichen Zucker hinzufügen. Alles unter Rühren wieder zum Kochen bringen, mindestens 3 Minuten unter ständigem Rühren sprudelnd kochen lassen und von der Kochstelle nehmen.
4. Kochgut evtl. abschäumen und sofort randvoll in vorbereitete Gläser füllen. Gläser mit Twist-off-Deckeln® verschließen, umdrehen und etwa 5 Minuten auf dem Deckel stehen lassen.

Tipp: Gläser während des Erkaltens gelegentlich drehen, damit sich die Zitronenschale besser verteilt.

Variante 1: **Zitronen-Minz-Gelee (Foto hinten)**
Um dem Gelee eine frische Note zu verleihen, können Sie nach 2 Minuten Kochzeit 1 gehäuften Esslöffel gehackte Minze hinzufügen und noch 1 Minute mitkochen lassen.

Variante 2: **Zitronen-Limetten-Gelee (Foto links)**
Ersetzen Sie die Zitronenschale durch die Zesten von 1 Limette. Reduzieren Sie den Zitronensaft um 40 ml und ersetzen Sie ihn durch den ausgepressten Saft der Limette.

Frühlingskonfitüre (Erdbeer-Rhabarber-Konfitüre)

ergibt etwa 5 Gläser zu je 200 ml

Zubereitungszeit: 30 Minuten

Zutaten:

500 g	Erdbeeren (vorbereitet gewogen)
500 g	junger Rhabarber (vorbereitet gewogen)
	Saft und abgeriebene Schale von 1 Bio-Zitrone (unbehandelt, ungewachst)
1 Pck. (500 g)	Extra Gelier Zucker

1. Erdbeeren waschen, abtropfen lassen, entstielen, klein schneiden und 500 g abwiegen. Rhabarber waschen, abtrocknen (nicht abziehen), in sehr kleine Stücke schneiden und 500 g abwiegen.
2. Die Früchte, Zitronensaft und Zitronenschale mit Extra Gelier Zucker in einem großen Kochtopf gut verrühren, unter ständigem Rühren bei starker Hitze zum Kochen bringen, mindestens 3 Minuten unter ständigem Rühren sprudelnd kochen lassen und anschließend von der Kochstelle nehmen.
3. Kochgut evtl. abschäumen und sofort randvoll in vorbereitete Gläser füllen. Die Gläser mit Twist-off-Deckeln® verschließen, umdrehen und etwa 5 Minuten auf dem Deckel stehen lassen.

Tipp: Verfeinern Sie den Geschmack der Konfitüre mit 2 Päckchen Bourbon-Vanille-Zucker, die Sie mit dem Gelierzucker hinzufügen.

Frühlings-
Konfitüre

Melonen-Zitrus-Konfitüre

Foto rechts – ergibt 5–6 Gläser zu je 200 ml

Zubereitungszeit: 40 Minuten

Zutaten:

500 g	Wassermelone (vorbereitet gewogen)
400 g	Pink-Grapefruit-Filets und Saft (von etwa 3 Grapefruits)
300 g	Orangenfilets und Saft (von etwa 4 Orangen)
1 Pck.	Zitronensäure
1 Pck. (500 g)	Diät Gelier Fruchtzucker

1. Zum Vorbereiten Wassermelone in Spalten schneiden, Fruchtfleisch aus der Schale lösen, Kerne entfernen. Fruchtfleisch in Würfel schneiden und 500 g abwiegen. Grapefruits und Orangen so schälen, dass die weiße Haut dabei mit entfernt wird. Fruchtfilets herausschneiden, Saft dabei auffangen. 400 g Grapefruitfilets und -saft abwiegen sowie 300 g Orangenfilets und -saft.
2. Zum Zubereiten Melonenwürfel, Fruchtfilets und -säfte und Zitronensäure in einem Kochtopf mit Diät Gelier Fruchtzucker gut verrühren. Alles unter Rühren bei starker Hitze zum Kochen bringen, mindestens 3 Minuten unter ständigem Rühren sprudelnd kochen lassen und von der Kochstelle nehmen.
3. Kochgut evtl. abschäumen und sofort randvoll in vorbereitete Gläser füllen. Gläser mit Twist-off-Deckeln® verschließen, umdrehen und etwa 5 Minuten auf dem Deckel stehen lassen. Gläser während des Erkaltens gelegentlich umdrehen, damit sich die Filetstückchen gleichmäßig verteilen.

Tipp: Einfacher ist es, wenn Sie die Zitrusfrüchte nur auspressen. Verwenden Sie dann das Fruchtfleisch ohne Kerne mit.

Pfirsich-Apfel-Konfitüre

Foto links – ergibt 6–7 Gläser zu je 200 ml

Zubereitungszeit: 30 Minuten

Zutaten:

1,1 kg	Pfirsiche (vorbereitet gewogen)
150 g	Äpfel (vorbereitet gewogen)
250 ml (¹/₄ l)	Pflaumenwein oder heller Traubensaft (gekaufter Fruchtsaft)
1 Pck.	Zitronensäure
1 Pck. (500 g)	Super Gelier Zucker

1. Zum Vorbereiten Pfirsiche dünn schälen, halbieren, entsteinen, fein schneiden und 1,1 kg abwiegen. Äpfel schälen, vierteln, entkernen, fein schneiden und 150 g abwiegen. 250 ml (¹/₄ l) Pflaumenwein oder Saft abmessen.
2. Zum Zubereiten Früchte, Wein oder Saft und Zitronensäure in einem Kochtopf mit Super Gelier Zucker gut verrühren. Alles unter Rühren bei starker Hitze zum Kochen bringen, mindestens 3 Minuten unter ständigem Rühren sprudelnd kochen lassen und anschließend von der Kochstelle nehmen.
3. Kochgut evtl. abschäumen und sofort randvoll in vorbereitete Gläser füllen. Gläser mit Twist-off-Deckeln® verschließen, umdrehen und etwa 5 Minuten auf dem Deckel stehen lassen.

Rote Liebe (Süßkirschkonfitüre)

ergibt etwa 7 Gläser zu je 200 ml

Zubereitungszeit: 40 Minuten

Zutaten:

900 g	Süßkirschen (vorbereitet gewogen)
100 ml	schwarzer Johannisbeerlikör (Cassis)
1 Pck.	Zitronensäure
1 Beutel	Gelfix Classic
1150 g	Zucker

1. Zum Vorbereiten Süßkirschen waschen, abtropfen lassen, entstielen, entsteinen und 900 g abwiegen. Die Hälfte der Früchte halbieren und die übrige Hälfte musig zerkleinern. 100 ml Johannisbeerlikör abmessen.
2. Zum Zubereiten Kirschen mit Likör und Zitronensäure in einen Kochtopf geben. Gelfix Classic erst mit 2 Esslöffeln von der abgewogenen Zuckermenge mischen, dann mit der Fruchtmasse verrühren.
3. Kochgut unter Rühren bei starker Hitze zum Kochen bringen. Sobald alles bei ständigem Rühren durch und durch sprudelnd kocht, restlichen Zucker hinzufügen. Alles unter Rühren wieder zum Kochen bringen, mindestens 3 Minuten unter ständigem Rühren sprudelnd kochen lassen und anschließend von der Kochstelle nehmen.
4. Kochgut evtl. abschäumen und sofort randvoll in vorbereitete Gläser füllen. Gläser mit Twist-off-Deckeln® verschließen, umdrehen und etwa 5 Minuten auf dem Deckel stehen lassen.

Tipp: Johannisbeerlikör kann durch einen im Handel erhältlichen roten Traubensaft oder andere ungesüßte Fruchtsäfte ersetzt werden.
Anstelle von frischen Früchten können Sie auch tiefgekühlte Früchte verwenden. Früchte einfach tiefgekühlt abwiegen, auftauen lassen, grob pürieren und den entstehenden Saft bei der Zubereitung mitkochen.

Mojito-Gelee

ergibt etwa 7 Gläser zu je 200 ml

Zubereitungszeit: 30 Minuten

Zutaten:

	Limettenschale von 3 Bio-Limetten (unbehandelt, ungewachst)
400 ml	Limettensaft (von etwa 10 Limetten)
100 ml	weißer Rum
400 ml	Zitronenlimonade
1 Beutel	Gelfix Classic
1050 g	Zucker
100 g	Rohrzucker oder brauner Zucker
2–3 EL	gehackte Minze

1. Zum Vorbereiten 3 Limetten heiß waschen, trockenreiben, dünn schälen und die Schale in sehr feine Streifen schneiden (oder Schale mit einem Zestenreißer in Streifen abziehen).
2. Alle Limetten auspressen, Fruchtfleisch dem Saft hinzugeben, evtl. Kerne entfernen und 400 ml Saft abmessen. 100 ml Rum und 400 ml Zitronenlimonade hinzufügen.
3. Zum Zubereiten Saftmischung in einen Kochtopf geben. Gelfix Classic erst mit 2 Esslöffeln der abgewogenen Zuckermenge mischen, dann mit dem Saft verrühren.
4. Kochgut unter Rühren bei starker Hitze zum Kochen bringen. Sobald alles bei ständigem Rühren durch und durch sprudelnd kocht, restlichen Zucker hinzufügen. Alles unter Rühren wieder zum Kochen bringen und mindestens 2 Minuten unter ständigem Rühren sprudelnd kochen lassen. Limettenschale und Minze hinzufügen und 1 Minute mitkochen lassen.
5. Kochgut von der Kochstelle nehmen, evtl. abschäumen und sofort randvoll in vorbereitete Gläser füllen. Gläser mit Twist-off-Deckeln® verschließen, umdrehen und etwa 5 Minuten auf dem Deckel stehen lassen. Gläser während des Erkaltens gelegentlich umdrehen, damit sich die Limettenschale besser verteilt.

Tipp: Für ein alkoholfreies Gelee kann der Alkohol durch 100 ml mehr Zitronenlimonade ersetzt werden.

Schokoladige Kirschkonfitüre

Foto links – ergibt etwa 5 Gläser zu je 200 ml

Zubereitungszeit: 30 Minuten

Zutaten:

750 g	Sauerkirschen (vorbereitet gewogen)
250 ml (¼ l)	fertige Schokoladensauce aus der Flasche (z. B. von Schwartau)
50 ml	Kirschwasser
500 g	Zucker oder brauner Zucker (Kandisfarin)
1 Beutel	Gelfix Super

1. Zum Vorbereiten Sauerkirschen waschen, entstielen, entsteinen, halbieren und 750 g abwiegen. 250 ml Schokoladensauce und 50 ml Kirschwasser abmessen.
2. Zum Zubereiten Kirschen mit Schokoladensauce und Kirschwasser in einen Kochtopf geben. Zucker mit Gelfix Super mischen, dann mit der Fruchtmasse verrühren.
3. Alles unter Rühren bei starker Hitze zum Kochen bringen, mindestens 3 Minuten unter ständigem Rühren sprudelnd kochen lassen und anschließend von der Kochstelle nehmen.
4. Kochgut evtl. abschäumen und sofort randvoll in vorbereitete Gläser füllen. Gläser mit Twist-off-Deckeln® verschließen, umdrehen und etwa 5 Minuten auf dem Deckel stehen lassen.

Johannisbeer-Pink-Grapefruit-Konfitüre

Foto rechts – ergibt etwa 6 Gläser zu je 200 ml

Zubereitungszeit: 40 Minuten

Zutaten:

800 g	rote Johannisbeeren (vorbereitet gewogen)
600 g	Pink-Grapefruit-Filets (vorbereitet gewogen, von etwa 6 Grapefruits)
1 Pck. (500 g)	Diät Gelier Fruchtzucker

1. Zum Vorbereiten Johannisbeeren waschen, abtropfen lassen, Beeren von den Rispen streifen und 800 g abwiegen. Pink Grapefruits mit einem scharfen Messer so schälen, dass die weiße Haut dabei mit entfernt wird, Fruchtfilets herausschneiden und 600 g abwiegen.
2. Zum Zubereiten Früchte in einem Kochtopf mit Diät Gelier Fruchtzucker gut verrühren. Alles unter Rühren bei starker Hitze zum Kochen bringen, mindestens 3 Minuten unter ständigem Rühren sprudelnd kochen lassen und anschließend von der Kochstelle nehmen.
3. Kochgut evtl. abschäumen und sofort randvoll in vorbereitete Gläser füllen. Gläser mit Twist-off-Deckeln® verschließen, umdrehen und etwa 5 Minuten auf dem Deckel stehen lassen.

Tipp: Die Konfitüre kann statt mit Diät Gelier Fruchtzucker auch mit Super Gelier Zucker zubereitet werden. Dann sind 900 g vorbereitete Johannisbeeren nötig.

Grapefruit-Bananen-Konfitüre

ergibt etwa 5 Gläser zu je 200 ml

Zubereitungszeit: 35 Minuten

Zutaten:

500 g	Pink-Grapefruit-Filets (vorbereitet gewogen, von etwa 5 Grapefruits)
250 g	Bananen (vorbereitet gewogen)
350 ml	Orangensaft (gekaufter Fruchtsaft)
1 Pck. (500 g)	Extra Gelier Zucker
1 Pck.	Zitronensäure

1. Zum Vorbereiten Grapefruits so schälen, dass die weiße Haut dabei mit entfernt wird, Fruchtfilets herausschneiden und 500 g abwiegen. Bananen schälen, fein schneiden und 250 g abwiegen. 350 ml Orangensaft abmessen.
2. Zum Zubereiten Früchte und Orangensaft in einem Kochtopf mit Extra Gelier Zucker gut verrühren. Alles unter Rühren bei starker Hitze zum Kochen bringen, mindestens 3 Minuten unter ständigem Rühren sprudelnd kochen lassen und von der Kochstelle nehmen.
3. Kochgut evtl. abschäumen und sofort randvoll in vorbereitete Gläser füllen. Gläser mit Twist-off-Deckeln® verschließen, umdrehen und etwa 5 Minuten auf dem Deckel stehen lassen.

Tipp: Sie können statt der Grapefruit-Filets auch 500 ml (½ l) frisch gepressten Grapefruitsaft oder ungesüßten Grapefruitsaft (gekaufter Fruchtsaft) verwenden.

Weintrauben-Sekt-Konfitüre

Foto links – ergibt etwa 5 Gläser zu je 200 ml

Zubereitungszeit: 25 Minuten

Zutaten:

600 g	kernlose grüne Weintrauben (vorbereitet gewogen)
200 ml	Sekt oder heller Traubensaft (gekaufter Fruchtsaft)
1 Pck.	Zitronensäure
1 Beutel	Gelfix Classic
800 g	Zucker

1. Zum Vorbereiten Weintrauben waschen, abtropfen lassen, halbieren und 600 g abwiegen. 200 ml Sekt oder Saft abmessen.
2. Zum Zubereiten Weintrauben, Sekt oder Saft und Zitronensäure in einen Kochtopf geben. Gelfix Classic erst mit 2 Esslöffeln von der abgewogenen Zuckermenge mischen, dann mit der Fruchtmasse verrühren.
3. Kochgut unter Rühren bei starker Hitze zum Kochen bringen. Sobald alles bei ständigem Rühren durch und durch sprudelnd kocht, restlichen Zucker hinzufügen. Alles unter Rühren wieder zum Kochen bringen, mindestens 3 Minuten unter ständigem Rühren sprudelnd kochen lassen und anschließend von der Kochstelle nehmen.
4. Kochgut evtl. abschäumen und sofort randvoll in vorbereitete Gläser füllen. Gläser mit Twist-off-Deckeln® verschließen, umdrehen und etwa 5 Minuten auf dem Deckel stehen lassen.

Tipp: Gläser während des Erkaltens gelegentlich umdrehen, damit sich die Weintrauben besser verteilen.

Frisches Apfel-Ananas-Gelee

Foto rechts – ergibt etwa 4 Gläser zu je 200 ml

Zubereitungszeit: 30 Minuten

Zutaten:

650 ml	klarer Apfelsaft (gekaufter Fruchtsaft)
200 g	Ananas (etwa 2 Baby-Ananas, vorbereitet gewogen)
	nach Belieben 50 ml Pflaumenbrand (Slibovitz)

1. Zum Vorbereiten 650 ml Apfelsaft abmessen. Von den Ananas jeweils Schopf mit Stielansatz und dem oberen Stück Schale abschneiden, Messer kurz spülen, die Früchte der Länge nach halbieren und vierteln. Von jedem Viertel den inneren weißlichen Strunk entfernen und die Früchte mit einem Messer schälen. Ananas fein schneiden und 200 g abwiegen. Nach Belieben 50 ml Pflaumenbrand abmessen.
2. Zum Zubereiten Apfelsaft mit Ananas und nach Belieben Pflaumenbrand in einen Kochtopf geben. Abgewogenes Süßungsmittel mit Gelfix Super mischen, dann mit der Fruchtmasse verrühren. Alles unter Rühren bei starker Hitze zum

(Fortsetzung Seite 44)

350 g	Zucker, Fruchtzucker oder Sorbit*
1 Beutel	Gelfix Super

* Diabetiker sollten Zuckeraustauschstoffe verwenden.

Kochen bringen, mindestens 3 Minuten unter ständigem Rühren sprudelnd kochen lassen und von der Kochstelle nehmen.

3. Kochgut evtl. abschäumen und sofort randvoll in vorbereitete Gläser füllen. Gläser mit Twist-off-Deckeln® verschließen, umdrehen und etwa 5 Minuten auf dem Deckel stehen lassen. Gläser während des Erkaltens gelegentlich umdrehen, damit sich die Ananasstücke gleichmäßig verteilen.

Tipp: Mit 1 gehäuften Esslöffel in Streifen geschnittener Minze bekommt das Gelee eine frischere Note. Minze direkt nach dem Kochvorgang in das heiße Gelee rühren. Die Haltbarkeit des Gelees verkürzt sich jedoch dadurch. Die Gläser während des Erkaltens gelegentlich umdrehen, damit sich die Minze besser im Glas verteilt.
Anstelle von Zucker, Fruchtzucker oder Sorbit können Sie auch 25 ml Flüssigsüße verwenden. Dann Saft, Ananas und Pflaumenbrand in einen Kochtopf geben, mit abgemessener Flüssigsüße und Gelfix Super gut verrühren und wie im Rezept angegeben fortfahren.

Würziges Kirschgelee

ergibt etwa 5 Gläser zu je 200 ml

Zubereitungszeit: 15 Minuten, ohne Entsaften

Zutaten:

900 ml	Sauerkirschsaft (ungesüßt, von etwa 1500 g Sauerkirschen)
2 Pck.	Dr. Oetker Vanillin-Zucker
1 Pck.	Zitronensäure
1 Msp.	gemahlener Zimt
1–2	Lorbeerblätter
1 Pck. (500 g)	Extra Gelier Zucker

1. Zum Vorbereiten Kirschen waschen, abtropfen lassen, entstielen, entsteinen und mit Hilfe eines Schnellkochtopfes oder Dampfentsafters Saft gewinnen (Gebrauchsanleitung des Geräteherstellers beachten). Saft abkühlen lassen und 900 ml Saft abmessen.
2. Zum Zubereiten Saft mit Vanillin-Zucker, Zitronensäure, Zimt und Lorbeerblatt in einem Kochtopf mit Extra Gelier Zucker gut verrühren. Alles unter Rühren bei starker Hitze zum Kochen bringen, mindestens 3 Minuten unter ständigem Rühren sprudelnd kochen lassen und anschließend von der Kochstelle nehmen.
3. Lorbeerblatt entfernen. Kochgut evtl. abschäumen und sofort randvoll in vorbereitete Gläser füllen. Gläser mit Twist-off-Deckeln® verschließen, umdrehen und etwa 5 Minuten auf dem Deckel stehen lassen.

Tipp: Die Haltbarkeit wird durch die Zugabe der Gewürze verkürzt.

Ananasgelee

ergibt etwa 4 Gläser zu je 200 ml

Zubereitungszeit: 15 Minuten, ohne Entsaften

Zutaten:

750 ml (3/4 l)	Ananassaft (von etwa 2 großen Ananas)
400 g	Zucker
1 Beutel	Gelfix Extra

1. Zum Vorbereiten Schopf der Ananas mit Stielansatz und dem obersten Stück Schale abschneiden, Messer kurz spülen, die Frucht der Länge nach halbieren und vierteln.
2. Die Frucht mit einem Messer schälen, mit Hilfe eines Entsafters (Zentrifuge) entsaften (Gebrauchsanleitung des Geräteherstellers beachten) und 750 ml abmessen.
3. Zum Zubereiten Saft in einen Kochtopf geben. Abgewogene Zuckermenge mit Gelfix Extra mischen, dann mit dem Ananassaft verrühren.
4. Alles unter Rühren bei starker Hitze zum Kochen bringen, mindestens 3 Minuten unter ständigem Rühren sprudelnd kochen lassen und von der Kochstelle nehmen.
5. Gelee evtl. abschäumen und sofort randvoll in vorbereitete Gläser füllen. Gläser mit Twist-off-Deckeln® verschließen, umdrehen und etwa 5 Minuten auf dem Deckel stehen lassen.

Tipp: Statt selbst zu entsaften, können Sie auch ungesüßten Ananassaft (gekauften Fruchtsaft) verwenden.

Variante: **Ananas-Batida-Gelee**
Geben Sie nach dem Kochen 50 ml Batida de Côco (Kokoslikör) hinzu und rühren alles sehr gut durch.

Brombeer-Birnen-Konfitüre

ergibt 4–5 Gläser zu je 200 ml

Zubereitungszeit: 25 Minuten

Zutaten:

600 g	Brombeeren (vorbereitet gewogen)
400 g	reife Birnen (vorbereitet gewogen)
350 g	Zucker, Fruchtzucker oder Sorbit*
1 Beutel	Dr. Oetker Gelfix Super

* Diabetiker sollten Zuckeraustauschstoffe verwenden.

1. Zum Vorbereiten Brombeeren verlesen, evtl. kurz waschen und abtropfen lassen. Die Blüten entfernen und 600 g abwiegen. Birnen waschen, schälen, vierteln, entkernen, fein schneiden und 400 g abwiegen.
2. Zum Zubereiten Brombeeren und Birnen in einen Kochtopf geben. Abgewogenes Süßungsmittel mit Gelfix Super mischen, dann mit der Fruchtmasse verrühren. Alles unter Rühren bei starker Hitze zum Kochen bringen, mindestens 3 Minuten unter ständigem Rühren sprudelnd kochen lassen und von der Kochstelle nehmen.
3. Kochgut evtl. abschäumen und sofort randvoll in vorbereitete Gläser füllen. Gläser mit Twist-off-Deckeln® verschließen, umdrehen und etwa 5 Minuten auf dem Deckel stehen lassen.

Tipp: Wenn Sie keine Kerne in Ihrer Konfitüre möchten, passieren Sie die Brombeeren vor dem Kochen durch ein Sieb.
Statt mit Zucker, Fruchtzucker oder Sorbit können Sie die Konfitüre mit 25 ml Flüssigsüße zubereiten. Dazu die vorbereiteten Früchte in einen Kochtopf geben, mit Gelfix Super und der abgemessenen Flüssigsüße verrühren und wie im Rezept angegeben fortfahren.

Variante: **Brombeer-Birnen-Konfitüre mit Thymian**
Um der Konfitüre eine noch interessantere Note zu verleihen, können Sie nach 2 Minuten Kochzeit 1 Esslöffel gerebelten Thymian hinzufügen und 1 Minute mitkochen lassen. Die Haltbarkeit der Konfitüre wird jedoch durch die Zugabe von Thymian verkürzt.

Erdbeer-Kokos-Konfitüre

Foto vorn – ergibt etwa 5 Gläser zu je 200 ml

Zubereitungszeit: 30 Minuten, ohne Entsaften

Zutaten:

400 ml	Erdbeer- oder Kirschsaft
100 g	Kokosraspel
450 g	Erdbeeren (vorbereitet gewogen)
1 Pck.	Zitronensäure
	nach Belieben 50 ml weißer Rum
500 g	Zucker
1 Beutel	Gelfix Extra

1. Zum Vorbereiten Erdbeeren oder Kirschen waschen, abtropfen lassen, entstielen, Kirschen entsteinen bzw. Erdbeeren halbieren. Jeweils aus den Früchten mit Hilfe eines Schnellkochtopfes oder Dampfentsafters Saft gewinnen (Gebrauchsanleitung des Geräteherstellers beachten), den Saft abkühlen lassen und 400 ml abmessen.
2. 100 g Kokosraspel abwiegen und mit Erdbeer- oder Kirschsaft im geschlossenen Topf 5 Minuten bei mittlerer Hitze kochen lassen. Erdbeeren waschen, abtropfen lassen, entstielen, fein schneiden und 450 g abwiegen.
3. Zum Zubereiten Erdbeeren, die gekochte Kokosmasse, Zitronensäure und nach Belieben Rum in einen Kochtopf geben. Abgewogene Zuckermenge mit Gelfix Extra mischen, dann mit der Frucht-Kokos-Masse verrühren.
4. Alles unter Rühren bei starker Hitze zum Kochen bringen, mindestens 3 Minuten unter ständigem Rühren sprudelnd kochen lassen und von der Kochstelle nehmen.
5. Kochgut evtl. abschäumen und sofort randvoll in vorbereitete Gläser füllen. Gläser mit Twist-off-Deckeln® verschließen, umdrehen und etwa 5 Minuten auf dem Deckel stehen lassen.

Tipp: Für das Rezept kann statt selbst entsaftetem Kirschsaft auch fertig gekaufter Kirschsaft verwendet werden.

Quitten-Apfel-Gelee

Foto hinten – ergibt etwa 5 Gläser zu je 200 ml

Zubereitungszeit: 15 Minuten, ohne Entsaften

Zutaten:

500 ml (½ l)	Quittensaft (von etwa 1150 g Quitten, ungesüßt)

1. Zum Vorbereiten Quitten mit einem Tuch trocken abreiben, um den Flaum zu entfernen. Quitten waschen, abtropfen lassen, vierteln, mit Hilfe eines Schnellkochtopfes oder Dampfentsafters Saft gewinnen (Gebrauchsanleitung des Geräteherstellers beachten), abkühlen lassen und 500 ml abmessen.

(Fortsetzung Seite 52)

400 ml	Apfelsaft (von etwa 720 g Äpfeln, ungesüßt)
1 Pck.	Zitronensäure
350 g	Zucker, Fruchtzucker oder Sorbit*
1 Beutel	Gelfix Super

* Diabetiker sollten Zuckeraustauschstoffe verwenden.

2. Äpfel waschen, abtropfen lassen, vierteln, ebenfalls daraus Saft gewinnen, abkühlen lassen und 400 ml abmessen.
3. Zum Zubereiten beide Fruchtsäfte mit Zitronensäure in einen Kochtopf geben. Abgewogenes Süßungsmittel mit Gelfix Super mischen, dann mit dem Fruchtsaft verrühren.
4. Alles unter Rühren bei starker Hitze zum Kochen bringen, mindestens 3 Minuten unter ständigem Rühren sprudelnd kochen lassen und anschließend von der Kochstelle nehmen.
5. Kochgut evtl. abschäumen und sofort randvoll in vorbereitete Gläser füllen. Gläser mit Twist-off-Deckeln® verschließen, umdrehen und etwa 5 Minuten auf dem Deckel stehen lassen.

Tipp: Anstelle von Zucker, Fruchtzucker oder Sorbit können Sie auch 25 ml Flüssigsüße verwenden. Dazu Säfte in einen Kochtopf geben, mit Zitronensäure, Gelfix Super und der abgemessenen Flüssigsüße gut verrühren und wie im Rezept angegeben fortfahren.

Grüne Sinfonie (Kiwi-Stachelbeer-Konfitüre)

ergibt etwa 5 Gläser zu je 200 ml

Zubereitungszeit: 30 Minuten

Zutaten:

500 g	Kiwis (vorbereitet gewogen)
400 g	grüne Stachelbeeren (vorbereitet gewogen)
100 ml	grüner Kiwi-Likör
1 Pck.	Zitronensäure
1 Pck. (500 g)	Extra Gelier Zucker

1. Zum Vorbereiten Kiwis schälen, vierteln und in feine Scheibenviertel schneiden. Stachelbeeren waschen, gut abtropfen lassen, Stiel und Blütenansatz entfernen, Stachelbeeren halbieren und 400 g abwiegen. 100 ml Kiwi-Likör abmessen.
2. Zum Zubereiten Früchte, Kiwi-Likör und Zitronensäure in einem Kochtopf mit Extra Gelier Zucker gut verrühren.
3. Alles unter Rühren bei starker Hitze zum Kochen bringen, mindestens 3 Minuten unter ständigem Rühren sprudelnd kochen lassen und anschließend von der Kochstelle nehmen.
4. Kochgut evtl. abschäumen und sofort randvoll in vorbereitete Gläser füllen. Gläser mit Twist-off-Deckeln® verschließen, umdrehen und etwa 5 Minuten auf dem Deckel stehen lassen.

Tipp: Der Kiwi-Likör kann durch 100 g grüne Stachelbeeren ersetzt werden.

Apfel-Pflaumen-Fruchtaufstrich

ergibt 4-5 Gläser zu je 200 ml

Zubereitungszeit: 25 Minuten

Zutaten:

500 g	rote Pflaumen (vorbereitet gewogen)
900 ml	Apfelsaft (gekaufter Fruchtsaft)
1 Pck.	Zitronensäure
1 Pck. (500 g)	Diät Gelier Fruchtzucker

1. Zum Vorbereiten Pflaumen waschen, abtropfen lassen, halbieren, entsteinen, fein schneiden und 500 g abwiegen. 900 ml Apfelsaft abmessen.
2. Zum Zubereiten Pflaumen, Apfelsaft und Zitronensäure in einem Kochtopf mit Diät Gelier Fruchtzucker gut verrühren.
3. Alles unter Rühren bei starker Hitze zum Kochen bringen, mindestens 3 Minuten unter ständigem Rühren sprudelnd kochen lassen und anschließend von der Kochstelle nehmen.
4. Kochgut evtl. abschäumen und sofort randvoll in vorbereitete Gläser füllen. Gläser mit Twist-off-Deckeln® verschließen, umdrehen und etwa 5 Minuten auf dem Deckel stehen lassen. Gläser während des Erkaltens gelegentlich umdrehen, damit sich die Pflaumenstückchen besser verteilen.

Tipp: Sie können statt Diät Gelier Fruchtzucker auch Super Gelier Zucker verwenden, das Rezept dann mit 600 g Pflaumen zubereiten.

Variante: **Beschwipster Apfel-Pflaumen-Fruchtaufstrich**
Zum Verfeinern können Sie 100 ml Apfelsaft durch 100 ml Calvados ersetzen. Diesen erst nach dem Kochen zugeben.

Dunkelrote Erdbeerkonfitüre

Foto links – ergibt etwa 5 Gläser zu je 200 ml

Zubereitungszeit: 25 Minuten

Zutaten:

900 g	Erdbeeren (vorbereitet gewogen)
100 ml	schwarzer Johannisbeernektar (gekaufter Fruchtnektar)
1 Pck.	Dr. Oetker Finesse Orangenfrucht
500 g	Zucker
1 Beutel	Gelfix Extra

1. Zum Vorbereiten Erdbeeren waschen, abtropfen lassen, entstielen, fein schneiden und 900 g abwiegen. 100 ml Johannisbeernektar abmessen.
2. Zum Zubereiten Erdbeeren, Johannisbeernektar und Orangenfrucht in einen Kochtopf geben. Abgewogene Zuckermenge mit Gelfix Extra mischen, dann mit der Fruchtmasse verrühren.
3. Alles unter Rühren bei starker Hitze zum Kochen bringen, mindestens 3 Minuten unter ständigem Rühren sprudelnd kochen lassen und anschließend von der Kochstelle nehmen.
4. Kochgut evtl. abschäumen und sofort randvoll in vorbereitete Gläser füllen. Mit Twist-off-Deckeln® verschließen, umdrehen und etwa 5 Minuten auf dem Deckel stehen lassen.

Tipp: Schwarzer Johannisbeernektar gibt in kleinen Mengen jeder Erdbeerkonfitüre für lange Zeit eine besonders schöne Farbe.
Anstelle von frischen Erdbeeren können Sie auch tiefgekühlte Erdbeeren verwenden. Erdbeeren einfach tiefgekühlt abwiegen, auftauen lassen, grob pürieren und den entstehenden Saft bei der Zubereitung mitverwenden.

Johannisbeer-Kirsch-Fruchtaufstrich

Foto rechts – ergibt etwa 5 Gläser zu je 200 ml

Zubereitungszeit: 35 Minuten, ohne Entsaften

Zutaten:

500 ml (½ l)	Johannisbeersaft (von etwa 800 g roten Johannisbeeren)
500 g	Sauerkirschen (vorbereitet gewogen)

1. Zum Vorbereiten Johannisbeeren waschen, abtropfen lassen, mit Hilfe eines Schnellkochtopfes oder Dampfentsafters Saft gewinnen (Gebrauchsanleitung des Geräteherstellers beachten), abkühlen lassen und 500 ml abmessen.
2. Kirschen waschen, abtropfen lassen, entstielen, entsteinen, halbieren und 500 g abwiegen. Pinienkerne in einer beschichteten Pfanne ohne Fett goldgelb rösten und auf einen Teller geben.

(Fortsetzung Seite 58)

30 g	Pinienkerne
1 Pck.	Dr. Oetker Finesse Bourbon-Vanille-Aroma
1 Pck. (500 g)	Extra Gelier Zucker

3. Zum Zubereiten Kirschen, Johannisbeersaft, Pinienkerne und Aroma in einem Kochtopf mit Extra Gelier Zucker gut verrühren. Alles unter Rühren bei starker Hitze zum Kochen bringen, mindestens 3 Minuten unter ständigem Rühren sprudelnd kochen lassen und anschließend von der Kochstelle nehmen. Kochgut evtl. abschäumen und sofort randvoll in vorbereitete Gläser füllen.
4. Gläser mit Twist-off-Deckeln® verschließen, umdrehen und etwa 5 Minuten auf dem Deckel stehen lassen. Gläser während des Erkaltens gelegentlich umdrehen, damit sich die Pinienkerne gleichmäßig verteilen.

Tipp: Statt der Pinienkerne können Sie auch gestiftelte Mandeln verwenden. Die Haltbarkeit wird durch die Zugabe von Pinienkernen oder Mandeln durch das darin enthaltene Fett verkürzt.

Orangen-Limetten-Marmelade

ergibt etwa 5 Gläser zu je 200 ml

Zubereitungszeit: 30 Minuten

Zutaten:

200 ml	Limettensaft (Saft von etwa 6 Limetten)
400 g	Orangenfilets (vorbereitet gewogen, von etwa 5 Orangen)
400 ml	Orangensaft (gekaufter Fruchtsaft)
1 Pck. (500 g)	Extra Gelier Zucker

1. Zum Vorbereiten Limetten auspressen und 200 ml Saft abmessen. Orangen so schälen, dass die weiße Haut dabei mit entfernt wird, Fruchtfilets herausschneiden und 400 g abwiegen. 400 ml Orangensaft abmessen.
2. Zum Zubereiten Limettensaft, Orangenfilets und Orangensaft in einem Kochtopf mit Extra Gelier Zucker gut verrühren. Alles unter Rühren bei starker Hitze zum Kochen bringen, mindestens 3 Minuten unter ständigem Rühren sprudelnd kochen lassen und von der Kochstelle nehmen.
3. Kochgut evtl. abschäumen und sofort randvoll in vorbereitete Gläser füllen. Gläser mit Twist-off-Deckeln® verschließen, umdrehen und etwa 5 Minuten auf dem Deckel stehen lassen.

Variante: **Orangen-Limetten-Marmelade mit Mangostückchen**
Verwenden Sie 200 g Mangowürfel (1 kleine Mango waschen, schälen, Fruchtfleisch vom Stein schneiden und fein würfeln), 200 ml Limettensaft, 600 ml Orangensaft und 1 Packung Extra Gelier Zucker und bereiten Sie die Marmelade wie oben angegeben zu.

Rhabarber-Johannisbeer-Gelee

Foto vorn – ergibt etwa 8 Gläser zu je 200 ml

Zubereitungszeit: 20 Minuten, ohne Entsaften

Zutaten:

700 ml	roter Rhabarbersaft (von etwa 1,2 kg Rhabarber oder TK-Rhabarber)
300 ml	Johannisbeersaft (von etwa 650 g roten Johannisbeeren)
150 ml	Sekt
1 Pck.	Zitronensäure
1 Beutel	Gelfix Classic
1,2 kg	Zucker
	nach Belieben 4 EL gelbe Senfkörner

1. Zum Vorbereiten Rhabarber waschen, in Stücke schneiden (nicht abziehen) und entsaften. Johannisbeeren abspülen und entsaften. Säfte abkühlen lassen, 700 ml Rhabarbersaft, 300 ml Johannisbeersaft und 150 ml Sekt abmessen.
2. Zum Zubereiten Säfte mit Sekt und Zitronensäure in einen Kochtopf geben. Gelfix Classic erst mit 2 Esslöffeln von der Zuckermenge mischen, dann mit der Saft-Sekt-Mischung verrühren.
3. Kochgut unter Rühren bei starker Hitze zum Kochen bringen. Sobald alles bei ständigem Rühren durch und durch sprudelnd kocht, restlichen Zucker hinzufügen. Alles unter Rühren wieder zum Kochen bringen, mindestens 3 Minuten unter ständigem Rühren sprudelnd kochen lassen, nach Belieben Senfkörner unterrühren und noch einmal ganz kurz aufkochen lassen.
4. Kochgut von der Kochstelle nehmen, evtl. abschäumen und sofort randvoll in vorbereitete Gläser füllen. Gläser mit Twist-off-Deckeln® verschließen, umdrehen und etwa 5 Minuten auf dem Deckel stehen lassen.

Erdbeer-Aprikosen-Konfitüre mit Mandelkrokant

Foto hinten – ergibt etwa 5 Gläser zu je 200 ml

Zubereitungszeit: 35 Minuten

Zutaten:

30 g	abgezogene, gehackte Mandeln
etwa 1 EL	Puderzucker
750 g	Erdbeeren (vorbereitet gewogen)
250 g	Aprikosen (vorbereitet gewogen)
500 g	Zucker
1 Beutel	Gelfix Extra
50 ml	Amaretto (Mandellikör) nach Belieben

1. Zum Vorbereiten Mandeln mit Puderzucker in einer beschichteten Pfanne ohne Fett goldgelb rösten. Erdbeeren waschen, abtropfen lassen, entstielen, fein schneiden und 750 g abwiegen. Aprikosen waschen, abtropfen lassen, halbieren, entsteinen, fein schneiden und 250 g abwiegen.
2. Zum Zubereiten Mandeln mit den Früchten in einen Kochtopf geben. Zucker mit Gelfix Extra mischen, dann mit der Fruchtmasse verrühren. Alles unter Rühren bei starker Hitze zum Kochen bringen, mindestens 3 Minuten unter ständigem Rühren sprudelnd kochen lassen und von der Kochstelle nehmen.
3. Nach Belieben Amaretto unterrühren. Kochgut evtl. abschäumen und sofort randvoll in vorbereitete Gläser füllen. Gläser mit Twist-off-Deckeln® verschließen, umdrehen, etwa 5 Minuten auf dem Deckel stehen lassen und während des Erkaltens gelegentlich umdrehen, damit sich die Mandeln gut verteilen.

Alphabetisches Register

Themenregister

Konfitüren

Gelees

Marmeladen und Fruchtaufstriche

Konfitüren, Marmeladen und Gelees mit Alkohol

Umwelthinweis Dieses Buch und der Einband wurden auf chlorfrei gebleichtem Papier gedruckt. Die Einschrumpffolie – zum Schutz vor Verschmutzung – ist aus umweltfreundlichem und recyclingfähigem PE-Material.

Wenn Sie Anregungen, Vorschläge oder Fragen zu unseren Büchern haben, rufen Sie uns unter folgender Nummer an 0521 155-2580 oder 520651 oder schreiben Sie uns:
Dr. Oetker Verlag KG, Am Bach 11, 33602 Bielefeld
oder besuchen Sie uns im Internet unter www.oetker.de.

Redaktion Sabine Puppe

Titelfoto Thomas Diercks, Hamburg

Innenfotos Axel Struwe (S. 4–23, 27–31, 35, 37, 41, 45–49, 53, 55, 59)

Rezeptentwicklung und -beratung Dr. Oetker Versuchsküche, Bielefeld

Foodstyling Claudia Glünz, Nordhorn
Requisite Wolfgang Mentzel, Paderborn

Grafisches Konzept kontur:design, Bielefeld
Gestaltung kontur:design, Bielefeld
Titelgestaltung kontur:design, Bielefeld

Reproduktionen Repro Schmidt, Dornbirn, Österreich
Satz JUNFERMANN Druck & Service, Paderborn
Druck und Bindung MOHN Media • Mohndruck GmbH, Gütersloh

ISBN 3-7670-0904-8